DÉPARTEMENT DE LA MARNE.

JEAN BLANCHIN, Homme de Loi et Négociant à Sainte-Ménehould, et ci-devant Administrateur du Département de la Marne,

A SES CONCITOYENS,

Accablé du poids de la calomnie et cruellement persécuté, il est tems que je rompe le silence; il est tems que je dissipe l'erreur funeste dans laquelle sont de bons citoyens que, dans les différens postes qui m'ont été confiés, j'ai servis avec tant d'inclination, en travaillant au bonheur public. Je réclame un instant leur attention: qu'ils se donnent la peine de lire le compte que je rends de ma conduite et comme simple citoyen et comme fonctionnaire public, et consultant leurs consciences, tout esprit de parti mis à l'écart, qu'ils me jugent. Je suis assuré d'avance qu'ils se diront : » *cet » homme est calomnié : il a rempli ses devoirs en bon » citoyen.* «

J'avertis, avant tout, que ce n'est point ici un compte *de finance* ; je n'en doit point, *n'ayant manié aucun denier public.*

Né à la campagne, dans l'honorable chaumiere d'un cultivateur, j'ai goûté, dans mon enfance, les jouissances que procurent, parmi les hommes les plus rapprochés de la nature, la liberté et l'égalité.

Je ne parlerai pas de mon éducation, elle est le fruit d'un travail assidu et opiniâtre, pendant plus de treize années ; et si quelque chose peut me tourmenter, c'est le regret de n'avoir eû ni assez de tems ni assez de fortune pour la perfectionner et acquérir des connoissances précieuses dont l'honnête homme fait usage avec tant de plaisir en faveur de l'humanité. Je dirai tout simplement qu'en 1787 je vins me fixer à sainte-ménehould.

J'y exerçais la profession d'avocat et de procureur, lorsqu'au mois de novembre 1790, mes concitoyens m'appellèrent aux fonctions honorables de *procureur de la commune.* J'acceptai avec reconnoissance, flatté de trouver l'occasion d'être utile à mon pays, à la patrie.

Mes concitoyens peuvent tous se rappeller la manière active et désintéressée avec laquelle j'ai rempli ces fonctions, sur-tout lors de la fuite du dernier tyran roi, arrivée en juin 1791, époque difficile où la commune de sainte-ménehould donna des preuves signalées de son amour pour la liberté et l'égalité.

Vers la fin du même mois de juin, je fus nommé l'un des sept électeurs de sainte-ménehould, qui, en septembre suivant, se réunirent à chaalons, avec ceux des autres cantons du Département, pour le renouvellement du Corps Législatif et des Autorités constituées.

Ayant résolu de transférer mon domicile à wassy, district de saint-dizier, où j'avois projetté un nouvel établissement, je donnai, le 16 octobre 1791, ma démission de la place de procureur de la commune. Le conseil général rendit hommage à mon zèle et à mon amour connu pour la liberté, l'égalité et le bien public. Les discours que m'adressèrent alors, en son nom, les citoyens *Farcy*, officier-municipal, et *Haussart*, notable, furent insérés au procès-verbal, et il m'en fut délivré copie. (*a*)

Je fis ma résidence à wassy où je m'occupai des fonctions d'homme de loi et d'avoué près le tribunal du district, jusqu'au mois de décembre 1792, époque à laquelle je fus rappellé à sainte-ménehould, par l'Assemblée électorale qui m'y nomma Juge au Tribunal du District. Je fus, en même tems, élu Juge à celui de saint-dizier, séant à wassy. La preuve en est consignée dans les procès-verbaux des deux assemblées électorales. (*b*)

Assurément ce ne sont pas là des témoignages de mésestime. La confiance de mes anciens et de mes nouveaux concitoyens fut pour moi la récompense la plus flateuse de mon dévouement au service de la patrie.

Je n'entrerai dans aucuns détail sur mes intérêts particuliers ; je me bornerai à invoquer le témoignage des deux citoyens (1) avec lesquels je traitai de mon cabinet comme homme de loi et avoué, lors de ma sortie d'abord de sainte-ménehould, en 1791, et de wassy en 1792. Si, comme je l'espère, ils veulent rendre hommage à la vérité, ils diront qu'ils ont trouvé en moi, loyauté et générosité ; je dis générosité, parce que je n'ai mis pour prix de la cession des affaires dont j'étois chargé, que le remboursement de mon dû légitime, encore fut-ce avec perte à sainte-ménehould, (2) et que je n'épargnai ni peines, ni soins pour leur assurer la conservation de l'objet de ma cession.

Est-ce ainsi qu'en agit un mal-honnête homme ; et comment se fait-il qu'avec un cœur pur et les qualités d'un bon Citoyen, il soit tout-à-coup transformé en monstre odieux? . . . . . ô calomnie ! que tu fais de mal ! . . . mais ne perdons pas de vue l'analyse des faits.

De retour à Sainte-Ménehould, en Décembre 1792, j'y remplis les fonctions importantes de Juge au Tri-

---

(1) Les citoyens Lemaire à Sainte-Menehould, & Pissot à wassy.

(2) Faits dont j'ai la preuve écrite.

bunal du District, et de Directeur du Juré d'accusation. J'y fus, bientôt après, l'un des fondateurs de la Société Populaire, dont la première Séance fut consacrée à une collecte pour fournir des vêtemens aux braves Défenseurs de la Patrie.

Dans les premiers jours du mois de Mai 1793, la Commune nomma au Comité de Surveillance créé par la Loi du 21 Mars précédent : je fus élu l'un des douze Membres.

Un Arrêté du Comité de Salut Public du 28 Avril 1793, avoit prescrit l'ouverture dans les Bureaux des Postes, des Lettres venant de l'Étranger, afin de prévenir les maux que les correspondances de nos ennemis extérieurs et intérieurs pourroient occasionner. Le Conseil général du Département de la Marne, choisit, pour l'exécution de cette mesure dans chaque bureau de son arrondissement, des Citoyens *d'un civisme reconnu et bien épuré*, (ce sont les termes de l'arrêté du 12 Mai 1793). Le Citoyen Picart, fils, Officier-Municipal, et moi, fumes nommés pour celui de Sainte-Ménehould. Le Directoire de District, par sa Lettre d'envoi, signée Martin, Jossin et Toublan, en date du 16 Mai, applaudit à ce choix, en nous intimant l'ordre d'exécuter les Arrêtés dont je viens de parler. (c)

Je cessai ces nouvelles fonctions qui exigeoient prudence, discrétion, stricte probité et amour incorruptible du bonheur public, à l'époque du premier Juillet suivant, pour aller en trimestre, comme Juge de

District, au Tribunal criminel du Département.

De retour à Ste. Ménehould à l'expiration de ce Trimestre, je me vis, avec mes collègues du Comité de Surveillance, dans la dure, mais indispensable nécessité de mettre à exécution la Loi du 17 Septembre, contre les Parens d'Émigrés, les ci-devant nobles et autre gens déclarés suspects qu'elle indiquoit. Le Comité se renferma strictement dans les bornes de son devoir; il se conforma en tout au vœu de la Loi. Il ne se mêla d'ailleurs nullement d'administration; il ne toucha ni effets ni deniers : ce fut la Justice de Paix qui apposa, reconnut et leva les scellés sur les papiers des détenus et qui en fit les inventaires. Ainsi, nul prétexte pour le calomnier sur l'article de la probité. Il ordonna des Arrestations; mais il y étoit obligé; il les crut justes et nécessaires pour opérer le Salut public; en un mot, il agit avec de bonnes intentions et en cela il ne fit qu'exécuter la Loi émanée de la Convention nationale.

Aussi, à cette époque, reçut-il publiquement l'approbation des citoyens et celle du Représentant du Peuple Rhul en mission dans le département et qui en fit un arrêté sur son registre, malgré les réclamations de plusieurs détenus. On pourroit consulter ce Représentant, s'il en étoit besoin : il doit encore être en possession du registre de ses opérations.

Au mois brumaire suivant (an 2), il fut question de demander à la Convention nationale, 1.° le changement du nom de la commune, 2.° l'échange du Représentant du Peuple DROUET fait prisonnier de guerre, 3.° et des subsistances. Tous les citoyens et les autorités constituées réunis dans un vaste local, arrêtèrent qu'ils députeroient à Paris, pour ces trois objets: ils nommèrent unanimement le citoyen MATHIEU LIONNET, *(élève de l'école normale)*, et moi. Je répendis avec plaisir à cette nouvelle marque de confiance.

Nous reçumes en passant à chaalons, de la part du conseil général du département, de nouveaux pouvoirs pour traiter l'affaire des subsistances, pour toute l'étendue du département. Le conseil général nous adjoignit même des commissaires des cinq autres districts.

Nous nous acquittames le mieux qu'il nous fut possible de notre triple mission. La Convention Nationale accueillit l'adresse de nos concitoyens; elle en adopta l'objet, en accorda mention honorable au procès-verbal, insertion au bulletin, et nous offrit les honneurs de la Séance.

Nous nous occupâmes sur-tout des subsistances, de concert avec les Députés de la Marne, et enfin nous rendîmes compte de nos démarches et de nos opérations, tant au département qu'à la commune de sainte-ménehould. Nous reçumes alors les témoignages publics de satisfaction et de reconnoissance: mais la plus douce récompense étoit, pour nous, d'avoir obligé nos concitoyens.

Tandis que nous nous occupions, à Paris, des intérêts

de nos frères du département de la marne, le citoyen *Bô*, représentant du peuple, vint en mission dans ce département, et je ne fus pas peu étonné quand, à mon retour, j'appris qu'il m'avoit nommé *administrateur du département (d)*. Je refusai inutilement d'accepter, en le priant d'y nommer un autre citoyen et désirant rester au poste de juge de district. Il insista : j'obéis. Je quittai donc la commune de sainte-ménehould, appellée alors montagne-sur-aîne, *à la fin de brumaire, an 2*. Cette époque est intéressante à remarquer.

Je ne parlerai pas de mes travaux à l'administration du département. J'y fus chargé de la partie des subsistances, de celle qui tenoit à l'ordre judiciaire, des pétitions des communes, des hôpitaux, etc. Les citoyens qui ont pu m'observer, savent que j'y employois tous mes instans, et qu'il m'arrivoit souvent de ne cesser mes occupations journalières, que vers dix heures du soir. Je m'en rapporte, sur-tout, à cet égard, à la bonne foi et au témoignage de mes collegues, des commis, du concierge et de ses enfans. J'étois, je puis le dire, si jaloux de bien remplir mes devoirs, que je négligeois les procédés sociaux qu'exigent l'amitié et les convenances ; la pratique des vertus domestiques qui font le bonheur du père de famille, fut le seul plaisir que je goutai : c'est celui qui, à mes yeux, a le plus de charmes : il n'en est point qui l'égale.

Dans le courant du mois frimaire, an 2, arriva le citoyen *Massieu*, représentant du peuple. Entr'autres affaires

affaires importantes qui fixèrent son attention, il s'occupa du sort des détenus comms suspects. Il étoit bien possible qu'il se fut commis quelques injustices involontaires, car, qui peut se flatter de n'avoir jamais erré ? . . . Mais il falloit examiner les motifs des arrestations, les pétitions des détenus, et prendre des renseignemens sûrs. Ce fut là le travail confié à la Commission que le Représentant *Massieu* créa à chaalons et dont je fus membre. (c) elle devoit donner son opinion motivée sur chacun des détenus, la transmettre au Représentant qui se proposoit d'adresser le tout au Comité de Sureté générale pour prononcer définitivement.

Je me livrai avec plaisir aux travaux qu'exigeoit l'Arrêté du Représentant *Massieu*, (il est du 3 nivose an 2,) charmé de trouver l'occasion de satisfaire ma sensibilité, en aidant à rendre à la liberté, des citoyens qui, par erreur ou injustement pouvoient se trouver englobés dans une mesure extraordinaire commandée par la loi, comme nécessaire au salut de la République.

Je ne me dissimule pas que l'éloge d'un homme paroit déplacé dans sa propre bouche. Mais n'est-il pas excusable quand il ne dit que la vérité dont la manifestation importe à son honneur ? non, rien ne doit être indifférent, rien ne doit s'omettre lorsqu'il s'agit de repousser les traits empoisonnés de la calomnie : sans l'honneur, sans l'estime publique, de quel prix est la vie? . . . . elle n'est qu'un fardeau insupportable.

Je rappellerai donc ici que tous mes instans étoient partagés entre les occupations de la commission dont j'étois membre et le secrétaire et les affaires administratives; qu'à peine je donnai au repos quelques heures de la nuit. J'avois cela de commun avec mes collegues, et nous pouvons nous flatter d'avoir servi, en même tems, la république et l'humanité. Le citoyen *Phlieger*, Représentant du peuple, a, en effet, sur nos avis, prononcé un assez grand nombre de *mises en liberté*. Nous devions les envoyer au Représentant *Massieu*, mais son collegue les demanda et statua. Enfin, pour répondre, à cet égard, à mille et un propos débités sur mon compte par mes ennemis, je dirai que, dans nos opérations, nous n'avons eu pour objet que la justice et le salut public; nous nous disions: » la liberté de tel détenu comme suspect, » peut-elle nuire à la liberté publique? Si elle y est » véritablement nuisible, nous ne pouvons ni ne de» vons aviser la relaxation; au cas contraire, ce » seroit un crime de ne pas l'accorder.

C'est ce principe que nous avons tâché de bien appliquer et qui a valu la liberté à plusieurs citoyens. Au surplus, le registre de nos opérations est déposé aux archives du département (f). On peut en prendre communication. Il offre la preuve de la pureté de nos intentions, de notre humanité, et pour tout dire, en un mot, il nous a occasionné, dans le tems, une dénonciation comme modérés (4).

Le citoyen PHLIEGER, qui fut de même dénoncé, se rappellera bien, sans doute, ces opérations. Il m'honora de sa confiance : je la dus aux travaux considérables dont je m'occupai, sous ses yeux, non-seulement comme membre de la commission, mais encore comme administrateur du département.

Je passe au 15 prairial suivant, époque à laquelle un arrêté du comité de salut public ordonna au citoyen MOUTIER président du tribunal criminel, de cesser ses fonctions, et me nomma à cette place *(g)*.

Comme, vers ce tems, je me trouvois à Paris, la malveillance qui tire parti de tout, en a conclu que j'avois sollicité le déplacement du citoyen MOUTIER. Mais cette conséquence est aussi perfide que calomnieuse et je défie quique ce soit, de produire la moindre preuve à l'appui d'une pareille inculpation. Le cit. Moutier qui connoit mes principes, a su me rendre justice ; il a dû surtout se convaincre de ma loyauté, lors de sa réintégration, et si je n'ai qu'à me féliciter de ses procédés, il n'a pas non plus, je crois, à se plaindre de moi. *(h)*

Tout le public à vu, d'ailleurs, comment je me suis acquitté des devoirs importans qui m'étoient imposés dans la place de Président du tribunal crimi-

---

(4) Elle fut faite à la Société Populaire de Chaalons ; mais elle n'eut pas de suite.

nel. Certes, personne n'a à me reprocher ni négligence ni inhumanité.

Ainsi se termine le récit fidèle de ma conduite pendant la révolution. Que les hommes impartiaux me jugent : la conscience pure et l'ame tranquille, je me repose, avec confiance, sur la décision du peuple : le peuple n'est jamais injuste, quand il n'est point influencé.

Mais, je dois une réponse aux reproches que me font mes ennemis.

J'ai, disent-ils, manifesté des intentions tendant à propager le terrorisme et le régime de sang.

Mais en quoi et comment ?

Est-ce en lisant les journaux dans les sociétés populaires ? en y faisant connoître la déclaration des droits, la constitution républicaine et les lois ? en y plaidant la cause sacrée de la liberté et de l'égalité ? en y parlant en faveur du gouvernement républicain, contre ses ennemis en général et contre la royauté ? en cherchant à soutenir l'espoir du peuple, en lui montrant son bonheur dans le résultat des travaux de la Convention nationale, et dans la fin de la Révolution ? en recommandant sans cesse la soumission aux lois et aux autorités constituées ? en m'occupant avec zèle et désintéressement, de l'instruction publique ? en ralliant, enfin, constamment mes concitoyens, autour de la Convention nationale ? . . . . . Ah ! si ce sont là des crimes, je m'avoue coupable ; ils me sont du moins communs avec tous les vrais Patriotes, les bons Citoyens, tous ceux qui, comme moi, étrangers à toute faction, n'ont agi qu'avec la meilleure foi possible.

Oui, voila ce que j'ai fait à sainte-ménehould, à wassy et à chaalons où j'ai, en dernier lieu, résidé seize mois; et on a beau chercher à dénaturer, à empoisonner mes discours, en me supposant de mauvaises intentions, on ne parviendra jamais à allarmer ma conscience, car elles n'ont pas cessé d'être pures. J'ai fait d'ailleurs des discours *écrits* : il en est même qui sont imprimés; et puisqu'on me fait un crime de mes opinions, *sous le règne de la liberté*, qu'on y cherche si mes principes ne furent pas toujours ceux d'un homme qui porte dans le cœur l'amour de sa Patrie, ceux recueillis dans la Déclaration des Droits.

Mais, ô calomnie! on a osé écrire que j'avois insulté une partie de la Convention Nationale, en indiquant les montagnards et les jacobins comme les meilleurs patriotes.

Moi! insulter la Représentation Nationale! Que j'ai été loin de cette pensée!... Quoi! j'ai parlé sans cesse en faveur de la déclaration des Droits, de la Constitution Républicaine, des Loix émanées de la Convention Nationale que j'aurois désiré que tout le monde connut et exécutât, et j'aurois insulté à cette autorité suprême!... Quelle absurde contradiction!... Mais enfin à quelle époque me suppose-t-on une pareille infamie ? . . . Quel jour, en quel lieu, à quelle occasion et comment ?

Je me reporte aux évènemens remarquables qui se sont succédés rapidement dans la révolution. Alors, qu'ai-je dit ? qu'ai-je fait ? ai-je tenu à tel ou tel homme ? *non*, je me suis toujours attaché à la Convention Nationale, parce que c'est là le *seul* point de ralliement des bons français.

A la vérité, nous avons tous lû et vû dans tous les papiers publics, à une certaine époque, que la Convention étoit désignée et célébrée sous le titre de *montagne*. Toute la france a dit et répété que c'est de cette montagne qu'est sortie la Constitution Républicaine, et de là ce cri universel : *vive* la République ! vive la Convention, vive la Montagne. Serois-je donc mauvais citoyen pour avoir répété le langage de toute la france, et le cri causé et par la joie commune d'avoir une Constitution, et par l'espoir de voir le peuple heureux ? . . Faites donc, dans ce cas, le procès à toute la République et à vous mêmes : mais plutôt cessez de me calomnier.

Qu'il ait existé des hypocrites, qui, sous le masque du civisme, ayent ensanglanté le Gouvernement Révolutionnaire et trahi la cause de la liberté ; cela ne me regarde que comme citoyen. Je n'y suis pour rien ; je n'ai coopéré à aucune mesure de sang ; je n'ai tué ni causé la mort de personne. Pouvois-je donc deviner les évènemens, les secrets des hommes qui ont sçu en imposer à toute la france ? jamais je n'ai eû la moindre relation avec Robespierre et ses complices ; je ne les connoissois même point. Je ne voyois d'eux que des discours livrés à l'impression et rendus publics par les ordres de la Convention Nationale, et si tant d'hommes de bonne foi ont été trompés, pourquoi ne l'aurois-je pas été aussi, moi qui n'ai tenu à aucune faction, et qui me suis sans cesse rallié à la Convention Nationale?

Quant aux Jacobins, j'avoue que j'ai dit que leur Société renfermoit de bons citayens. Mais ai-je fait l'éloge de ceux qui se sont mal conduits, de ceux sur-tout du 9 thermidor ? *Non, jamais.* Ce que j'ai dit, je le répéte encore : oui, dans tous les corps, dans toutes les sociétés possibles, il existe des hommes purs, la masse en est presque toujours saine, et c'est abuser des mots et des choses que de proscrire sous *le titre générique de Jacobin*, tous les hommes qui ont été membres d'une Société populaire, sans se donner la peine d'examiner la conduite de chacun d'eux. Je n'ai jamais été membre de la société des jacobins de Paris ; mais je m'honore de l'avoir été successivement des Sociétés populaires de wassy, de sainte-ménehould et de chaalons, et je crois y avoir servi la cause de la liberté, autant que dans les fonctions publiques que j'ai remplies.

On donnera, tant que l'on voudra, la torture à son imagination, pour me trouver des crimes ; je suis bien sûr de n'en avoir commis aucun, ni ordinaire, ni contre-révolutionnaire, ni enfin de quelque couleur que ce soit. Ce sont des actions, en effet, qui constituent les délits, et des actions prohibées par les loix naturelles ou positives; encore faut-il scruter les intentions : mais jamais des opinions, lorsqu'elles sont conformes au Gouvernement qui dirige tout, ne peuvent être des crimes. Voilà des principes d'une vérité et d'une justice éternelles et que l'homme, sans passion, ne révoquera pas en doute. C'est aussi à celui-là que je demande justice, et de qui je l'attend avec autant de calme que de confiance. Mais jugez combien est bizarre le sort aveugle qui me frappe. C'est à sainte-ménehould que je suis injurié et calomnié, persécuté, sous-prétexte du Gouvernement Révolutionnaire, et j'en suis sorti au mois brumaire, an 2, vers l'aurore de ce Gouvernement; c'est-à-dire, depuis seize mois ! pourquoi cette diférence avec Chaalons, où, en général, on sait me rendre justice, où du moins on n'altére pas mes intentions ? Pourquoi ? . . . C'est apparemment que quelques haines particulières, quelques ressentimens, quelques mouvemens de jalousie se développent, animent et dirigent les traits cruels qui me sont lancés. On n'a rien ménagé pour me perdre : contes absurdes, raports mensongers, suppositions, inventions perfides, tout, je le vois, a été employé avec art contre moi.

O hommes qui avez agi ainsi; vous que je ne puis ni ne veux nommer, et dont je souhaite la félicité, dépouillez-

dépouillez-vous donc de toute passion. Peut-être qu'en parlant avec franchise, j'ai heurté quelques opinions particulières, et fâché ceux dont la révolution a contrarié les idées, les préjugés, et détruit les privilèges. Mais sachez rendre justice à mon zèle et à ma bonne foi : alors, je ne douterai pas que, comme moi, vous avez eu en vue le bonheur public, et que vous désirez aussi l'affermissement de la République. Qu'importe maintenant la route que nous ayons tenue pour arriver à ce but, dès que nous n'y avons commis aucun délit. Soyons généreux et bons frères, oublions nos divisions funestes à tous; confondons nos intérêts dans l'intérêt général, et en nous donnant le baiser de paix, présage du bonheur, répétons ce cri que nous chérissons tous.

Vive la République, vive la Convention Nationale.

Sainte-ménèhould, le 22 Germinal, an 3 de la République française, une et indivisible.

BLANCHIN.

PIECES JUSTIFICATIVES.

(a) 16 octobre 1791. Extrait des registres de l'hôtel commun de la ville de sainte-ménehould.

Du 16 octobre 1791. En l'assemblée du conseil général de la commune où étoient M. M. Dupin, maire; Corvisier, Farcy, Lemaire, Florion, Déblée, Drouet, etc... M. Blanchin procureur de la commune a dit : » Appelé par le vœu honorable de mes conci-

» toyens, au poste que j'occupe etc. ». Je prie le con-
» seil général de vouloir bien accepter ma démission. «

Ensuite, M. *Haussart*, notable, a dit :

» La commune qui ne s'attendoit pas à une démis-
» sion qui contrarie son vœu et ses intérêts, apprendra
» avec peine qu'elle n'a plus dans son sein, celui en
» qui elle avoit placé sa confiance. La manière dis-
» tinguée avec laquelle vous y avez répondu, vous
» donne droit à sa reconnoissance, nous la partageons
» cette reconnoissance, et vous emportez nos regrets. «

Le conseil général de la commune a également répondu à M. Blanchin, par l'organe de M. *Farcy*, l'un de ses membres, lequel *a dit* :

» Dans l'extrême accablement où le plonge la démis-
» sion de M. Blanchin, le conseil général de la commune
» a peine à exprimer tous ses regrets de ne pouvoir se re-
» fuser à la recevoir et ne pouvoir rendre que foiblement
» hommage aux qualités de son cœur et de son esprit.
» Appelé par le suffrage de ses concitoyens pour mainte-
» nir leurs droits, il s'est rendu digne du dépôt sacré
» qu'ils lui avoient confié ; organe des lois dont l'exécu-
» tion est du ressort de cette municipalité, il n'a, dans
» aucun instant, dépendu ni de la passion ni des caprices
» de quique ce soit ; muri par l'étude des nouvelles lois,
» distingué par des mœurs irréprochables, il a osé gémir
» hautement sur des abus invétérés, sur les plaies faites
» à la nation par le despotisme. En remplissant un si saint
» devoir, s'il n'a pu échapper aux traits de l'envie, il
» en a été dédommagé et il le sera toujours par l'estime
» de tous lesamis de la constitution qu'il a si bien défen-
» due, et par ceux de la Patrie qu'il a si bien servie.

» Signé *Dupin*, Corvisier, Cottret, Macquart, Farcy » Lemaire, Florion, Déblée, *Drouet*, Blanchin, Au- » bry, Defrance, Rouyer, Mangin, Dommanget, Vergenet, *Haussart*, Pernot, *Labbé Buirette*, *Longpré*, et Bancelin. Collationné, signé Bancelin, secrétaire.

(b) (*) *Novembre 1792.* Procès-verbal de l'assemblée électorale du district de saint-dizier, portant nomination du citoyen *Blanchin*, homme de loi à wassy, à l'une des places de Juge au tribunal dudit district.

21 décembre 1792. Lettre du commissaire national dudit tribunal, portant envoi dudit procès-verbal, et par laquelle il témoigne à Blanchin, les regrets qu'éprouvent les citoyens, de le voir quitter wassy, pour retourner à sainte-Ménehould.

Novembre 1792. Procès-verbal de l'assemblée électorale de sainte-ménehould, portant nomination dudit Blanchin, à l'une des places de Juge au tribunal du district dudit sainte-ménehould.

(c) 16 mai 1793. Lettre signée *Martin*, *Toublan et Jossin* administrateurs du district de sainte-ménehould, adressée à Blanchin, par laquelle ils lui annoncent l'envoi des arrêtés du comité de Salut public et du conseil général du département, relativement à l'ouverture des lettres venant de l'étranger, et par laquelle ils disent :

» Votre patriotisme répond au département de votre » zèle et de votre prudence, et en notre particulier, nous » applaudissons, citoyen, au choix qu'il a fait de vous » pour remplir les vues du comité de salut public.

(d) 23 brumaire an 2. Arrêté du citoyen *Bd* Représentant du peuple, portant nomination de Blanchin à l'administration du département de la marne.

(*) Ces procès-verbaux sont remis entre les mains du citoyen ALBERT Représentant du Peuple.

(e) *3 nivose an 2.* Arrêté du citoyen *Massieu* Représentant du peuple, portant création d'une commission à chaalons, pour s'occuper des détenus comme suspects; et nomination de Blanchin, pour être l'un de sept membres qui la composoient.

(f) *23 pluviose an 3.* Acte de dépôt fait aux archives du département, dans le courant du mois de pluviose *an 2*, du registre et des papiers relatifs aux travaux de ladite commission.

(g) *15 prairial an 2.* Arrêté du comité de salut public portant nomination de Blanchin, à la place de président du tribunal criminel du département de la marne.

(h) *29 nivose an 3.* Arrêté du comité de législation, qui rétablit le citoyen Moutier à cette place.

Il n'y est nullement fait mention de Blanchin.

17 pluviose, an 3. Certificat de civisme donné à Blanchin, par le conseil général de la commune de châlons. Il est enregistré et visé au directoire du district.

Nota. Depuis, les autorités constituées de chaalons, ont encore attesté que le citoyen Blanchin s'est conduit dans cette commune, en bon Patriote et en homme de probité. Leurs attestations ont été remises au citoyen *ALBERT* Représentant du Peuple, en mission dans ce département.

Je certifie avoir tiré fidèlement les Extraits ci-dessus des pièces originales et des copies authentiques dont je suis en possession.

A Sainte-Ménehould, le 22 Germinal, l'an troisième de la République Française, une et indivisible.

BLANCHIN.

ADDITION AUX PIÈCES JUSTIFICATIVES.

» Nous Maire, Officiers municipaux et membres du » conseil général de la commune de *wassy*, certifions à tous ceux qu'il appartiendra, que le citoyen *Jean Blanchin*, homme de loi, a habité cette commune depuis le mois d'octobre 1791 jusqu'au mois de décembre 1792, (vieux style), et qu'il s'y est conduit *en bon citoyen et à la satisfaction générale ;* en témoignage de quoi nous lui avons délivré le présent ; à wassy, *séance publique* et *permanente* du 19 germinal l'an 3 de la république française une et indivisible. Signé Carbonot, maire ; Foissy, Julien, Hatier, Officiers municipaux ; Didelot Rignoux, Fourrier, Brachot, Collard Guilliez, Collet, L. M. Halotel ; A. M Bernardin, Agent national, et Vaillant, Secrétaire Greffier. Vû au directoire du district de saint-dizier, le 23 germinal troisième année républicaine. Signé J. Gaudry, J. B. Briolat, administrateurs ; et Périche, secrétaire *adjoint*.

» Nous Juges du tribunal du district de *saint-dizier*, » séant à *wassy*, et Commissaire national près ledit tribunal, attestons que le citoyen *Jean Blanchin*, homme de loi, demeurant à sainte-ménehould, a exercé près ce tribunal, les fonctions d'*homme de loi et d'avoué avec exactitude et probité* depuis le mois de novembre 1791 jusqu'au mois de décembre 1792, *(vieux style)*. En foi de quoi nous avons donné le présent, à wassy le 22 germinal l'an 3 de la République française, une et indivisible. Signé Halotel, Baudot, E. F. Rabiet, Thiéry ; Demongeot, Commissaire national, et J. F. L. Barbier, Greffier.

Certifié conforme aux pièces originales, par moi soussigné.

BLANCHIN.

www.ingramcontent.com/pod-product-compliance
Ingram Content Group UK Ltd.
Pitfield, Milton Keynes, MK11 3LW, UK
UKHW020453220726
13923UKWH00006B/2507

9 782329 065069